Isabel I

Una guía fascinante de la reina de Inglaterra, la última de los cinco reyes de la casa de Tudor

© Copyright 2020

Todos los derechos reservados. Ninguna parte de este libro puede ser reproducida de ninguna forma sin el permiso escrito del autor. Los revisores pueden citar breves pasajes en las reseñas.

Descargo de responsabilidad: Ninguna parte de esta publicación puede ser reproducida o transmitida de ninguna forma o por ningún medio, mecánico o electrónico, incluyendo fotocopias o grabaciones, o por ningún sistema de almacenamiento y recuperación de información, o transmitida por correo electrónico sin permiso escrito del editor.

Si bien se ha hecho todo lo posible por verificar la información proporcionada en esta publicación, ni el autor ni el editor asumen responsabilidad alguna por los errores, omisiones o interpretaciones contrarias al tema aquí tratado.

Este libro es solo para fines de entretenimiento. Las opiniones expresadas son únicamente las del autor y no deben tomarse como instrucciones u órdenes de expertos. El lector es responsable de sus propias acciones.

La adhesión a todas las leyes y regulaciones aplicables, incluyendo las leyes internacionales, federales, estatales y locales que rigen la concesión de licencias profesionales, las prácticas comerciales, la publicidad y todos los demás aspectos de la realización de negocios en los EE. UU., Canadá, Reino Unido o cualquier otra jurisdicción es responsabilidad exclusiva del comprador o del lector.

Ni el autor ni el editor asumen responsabilidad alguna en nombre del comprador o lector de estos materiales. Cualquier desaire percibido de cualquier individuo u organización es puramente involuntario.

Tabla de contenidos

INTRODUCCIÓN 1
CAPÍTULO 1 - EL NACIMIENTO DE UNA FUTURA REINA 3
CAPÍTULO 2 - DE PRINCESA A DAMA 6
CAPÍTULO 3 - ISABEL Y LAS REALES MADRASTRAS..............................10
CAPÍTULO 4 - LA PRINCESA ADOLESCENTE 15
CAPÍTULO 5 - UN ALUVIÓN DE SUCESIONES.......................................20
CAPÍTULO 6 - LA REINA ISABEL I 24
CAPÍTULO 7 - SIR FRANCIS DRAKE Y LOS ASENTAMIENTOS ISABELINOS 29
CAPÍTULO 8 - MARÍA, REINA DE ESCOCIA Y GUERRA CON ESPAÑA 34
CAPÍTULO 9 - ARTE Y CULTURA EN LA INGLATERRA ISABELINA 38
CAPÍTULO 10 - EL FIN DE LA DINASTÍA TUDOR 43
EPÍLOGO 47
VEA MÁS LIBROS ESCRITOS POR CAPTIVATING HISTORY 49
FUENTES 50

Introducción

La Casa Real de Tudor fue una dinastía formativa en la historia de Inglaterra, Irlanda, Escocia y Gales. Desde el momento en que el rey Enrique VII tomó el poder entre las facciones beligerantes de York y Lancaster, hasta el último suspiro de la reina Isabel I, los monarcas Tudor lucharon duro para organizar, estructurar y fortalecer su reino. Dominado por Francia, España y el Sacro Imperio Romano Germánico, Inglaterra había recorrido un largo camino desde los caóticos días de los reyes y reinas de Plantagenet hasta la potencia económica y el centro cultural que era en el siglo XVII.

Isabel Tudor, hija de la desafortunada reina Ana Bolena y el temperamental rey Enrique VIII, nunca fue destinada a gobernar el país. Sin embargo, cuando llegó su momento, pudo afrontar el peso de la corona inglesa. Isabel fue quizás la monarca más inteligente y con visión de futuro que jamás se haya sentado en el trono. Su reinado es responsable de la fuerza de la Marina Real, el cultivo de las bellas artes, la estabilidad a largo plazo y la seguridad de su nación frente a los ataques extranjeros, y los primeros pasos hacia la colonización internacional.

El gobierno de Isabel, aunque a veces violento, estuvo marcado por el arte, la literatura, la ciencia y el teatro que llevaron a Inglaterra finalmente al Renacimiento. Ella misma era una mujer altamente educada que inspiró a nuevas generaciones de damas nobles a seguir educándose y convertirse en grandes pensadoras. También mostró a la sociedad contemporánea que una reina no tenía necesidad de un marido o rey para ser un gobernante perfectamente capaz.

Bajo su gobierno, Inglaterra e Irlanda florecieron, y vivieron un tiempo de paz, prosperidad e iluminación.

No es de extrañar que el gobierno de Isabel haya sido llamado la Edad de Oro.

Capítulo 1 – El nacimiento de una futura reina

El nacimiento de Isabel Tudor fue un acontecimiento sencillo, la existencia misma del bebé fue causa de gran controversia. Mientras su madre, Ana Bolena, pasó por el sufrimiento del parto y dio a luz el 7 de septiembre de 1533, Isabel ya significaba muchas cosas para la gente. Para su madre y su padre, ella era una niña accidental que implicaba la espera de un hijo y heredero al trono de Enrique VIII por lo menos otro año. Para millones de católicos en toda Inglaterra, la pequeña Isabel era la hija del amor ilegítimo de un rey que se había vuelto loco con el poder. Para los protestantes del reino, representó una nueva esperanza para el futuro de la Reforma inglesa. ¿Por qué tanto alboroto por un bebé inocente? Todo tenía que ver con sus padres.

La madre de Isabel, Ana Bolena, no fue la primera esposa del rey Enrique VIII. A la edad de 17 años, Enrique sucedió a su padre como rey de Inglaterra e Irlanda, y unos meses más tarde, se casó con una princesa española, Catalina de Aragón. La pareja luchó por concebir un niño sano, y aunque Catalina finalmente dio a luz a María Tudor, el rey se negó obstinadamente a aceptar a una heredera. Su desesperación por un hijo lo llevó a cuestionar la legitimidad misma de su matrimonio con Catalina, pidiendo al papa que declarara su unión nula. El papa se negó, pero Enrique siguió adelante de todos modos, cortejando públicamente a la dama de compañía de su reina, la hermosa y encantadora Ana Bolena.

Enrique declaró personalmente su matrimonio nulo, y él y Ana se casaron en enero de 1533 con Ana ya embarazada de Isabel. La nueva esposa de Enrique fue coronada reina de Inglaterra en julio, y Catalina de Aragón fue trasladada a otra finca y separada de su hija María. La princesa María fue despojada de su título y se le prohibió ver a su madre o padre hasta que accedió a firmar un documento que reconociera a Ana como la verdadera reina de Inglaterra. Ella se negó. En lo que respecta al rey Enrique, Ana era su verdadera esposa, y estaba destinada a dar a luz a su hijo y heredero ese mismo año.

El problema llegó cuando el bebé que nació no fue un niño, sino una niña, Isabel. Parecía ser una bofetada en la cara de Enrique, que había enfrentado a todo su reino con la Iglesia católica, declarándose jefe de la Iglesia de Inglaterra, para casarse con su novia y tener un hijo. Ana, que había visto de primera mano cómo su nuevo marido había tratado a su primera esposa en busca de un heredero, debió de haberse sentido muy ansiosa. De todos modos, Isabel era la princesa de Inglaterra, y fue tratada con el máximo respeto. Enrique felicitó a su esposa por el parto seguro de su hija y confiaron en que la próxima vez, seguramente, tendrían un hijo.

Isabel fue la primera bebé real nacida en la nueva Inglaterra protestante, aunque sus padres no tenían idea de que llegaría a gobernarla como adulta. Las hogueras tradicionales se encendieron en todo el reino con la noticia de que Enrique tenía una nueva y sana hija, pero en la mente de personas como Catalina de Aragón y la media hermana de Isabel, María, ni Ana ni su descendencia eran miembros legítimos de la familia real. El papa nunca había aprobado la solicitud de Enrique de la anulación o divorcio de su esposa española; por lo tanto, todos los católicos firmes en Europa solo veían a la reina Ana y a la princesa Isabel como una famosa amante y una hija del rey inglés.

Dejando a un lado las críticas, Ana y Enrique se hicieron cargo de sus asuntos, transformando tanto su corte como el país en los dos primeros años de la vida de Isabel. La nueva reina atavió a sus damas con las últimas modas francesas y celebró muchas grandes fiestas en el palacio. Arrasó con los restos del catolicismo y el conservadurismo dejados por la antigua reina, impuso una decoración moderna y trajo filósofos contemporáneos y asesores protestantes. Isabel recibió su propia casa de asistentes para satisfacer sus necesidades y presentarla a la nueva religión de Inglaterra.

Cuando tenía dos años y medio, el futuro de Isabel estaba en grave peligro. Ana Bolena había abortado un bebé en enero de 1536, después de lo cual el rey parecía perder sus últimos vestigios de interés en la esposa que le había costado tantos problemas. En mayo de ese mismo año, Ana fue acusada y declarada culpable de traición contra el rey. Fue ejecutada en la Torre de Londres el 19 de mayo. Menos de dos semanas después de la muerte de Ana, el rey Enrique se casó por tercera vez con Juana Seymour. Ella, como Ana, había sido una dama de compañía a la reina anterior.

Por supuesto, esto cambió todo para la pequeña princesa Isabel.

Capítulo 2 – De princesa a dama

Juana Seymour demostraría ser la esposa favorita del padre de Isabel, aunque murió solo un año y cinco meses después de su matrimonio con el rey Enrique VIII. Fue la concepción de un hijo sano en octubre de 1537 lo que solidificó la relación de Juana con Enrique. Durante años después de la muerte de Juana, que probablemente fue debida a una infección postnatal, el poderoso rey Tudor hizo que los pintores de la corte incluyeran su imagen en los retratos familiares. Su hijo, Eduardo, se convirtió inmediatamente en el centro de la casa del rey, y la joven Isabel fue llevada a un hogar privado. Aunque todavía era muy joven, se esperaba que la media hermana mayor de Eduardo creciera ejerciendo el papel de cuidadora personal del principito.
La propia Isabel tuvo una institutriz en 1537 llamada Catherine Ashley. Más conocida como Kat, la institutriz de la joven demostró ser una amiga y compañera de toda la vida. Le encantaba su cargo y a menudo comentaba que Isabel era una chica buena, gentil y totalmente inteligente. Kat enseñó a su estudiante real varias lenguas europeas, incluyendo español, flamenco, francés y latín. En el siglo XVI, el latín permaneció como un lenguaje silencioso cuyas palabras solo aparecían en papel; sin embargo, era una importante lengua común compartida por la realeza y los aristócratas de casi todos los países europeos. Para Isabel y sus hermanos, el latín era una parte

casi más integral de su educación que las lenguas extranjeras habladas actualmente. También aprendió un poco de galés de su amada empleada del hogar, Blanche Parry.

Aunque fue criada con sirvientes, ropa, comida y educación en Hatfield Palace en Hertfordshire, Isabel no llevó el título de princesa debido a la ejecución de su madre y la anulación matrimonial de sus padres. Ahora oficialmente la niña ilegítima que muchos ingleses y europeos siempre habían considerado solo era referida como lady Isabel. Fue eliminada de la línea real de sucesión (aunque el rey Enrique VIII nunca tuvo la intención de que tuviera éxito en el trono de todos modos), y en realidad solo fue cuidada porque su padre no la veía como una amenaza política. En cierto modo, el nacimiento de Eduardo cambió la vida de Isabel para mejor, aunque solo fuera porque el principito fue enviado a ser educado y cuidado junto a su media hermana.

Ambos niños recibieron la mejor educación. Para Eduardo, esto era de esperar, pero la condición menor de Isabel significaba que las responsabilidades de su padre hacia ella eran mucho más bajas de lo que habían sido en su nacimiento. La chica tuvo la suerte de permanecer en la casa real, y tener a una tutora muy buena. En la juventud de Isabel, Kat Ashley fue la principal fuente de su educación.

Kat se encargó de asegurarse de que la exprincesa fuera enseñada tanto como su hermano y cualquier príncipe europeo. Aparte de los idiomas, Kat le enseñó a su inteligente y ansiosa estudiante de todo lo que una chica de la nobleza del siglo XVI debía saber para encajar con sus compañeros sociales. Lady Isabel rara vez vio a su padre, el rey, y solo vio a la reina Juana una o dos veces antes de su muerte; todavía, ella tenía que estar preparada para ser citada a la corte real. Aprendió a ponerse de pie y caminar con gracia, a ordenar a sus siervos correctamente y a saludar a otros miembros de la nobleza con propiedad. También aprendió a coser, con especial atención a los bordados. Durante cientos de años, los antepasados de Isabel habían pasado horas interminables bordando y tejiendo fibras con hilos.

Como dama de un reino muy rico, Isabel tenía poca necesidad de pasar sus horas personales tejiendo ropa, pero se esperaba que sobresaliera en el bordado. Esta fue la forma en que mujeres nobles contemporáneas como ella podían ser útiles en el hogar. Isabel y sus compañeras habrían bordado hermosos patrones o monogramas en los puños de sus mangas, los dobladillos de sus vestidos, la ropa de sus maridos y telas decorativas alrededor de la casa.

Cuando la alumna de Kat tenía alrededor de los seis años, la institutriz descubrió que sus recursos como profesora estaban agotados. Era hora de que una nueva ola de educadores profesionales interviniera, aunque Kat permaneció en el hogar como la cuidadora principal de Isabel. Cuando Eduardo tuvo la edad suficiente, se unió a las lecciones de su hermana. Jean Belmain enseñó a los hermanos francés avanzado, mientras que Richard Cox construyó sus habilidades latinas y les instruyó en los eventos actuales. John Cheke enseñó a los niños reales las Escrituras y la filosofía griega. Fue descrita como "precoz" por al menos una de sus tutoras habituales, y lady Isabel aprendió sus lecciones fácilmente y tenía una buena aptitud para cada tema, incluyendo historia, matemáticas, teología y música.

Isabel era, según la mayoría de los relatos, una alumna estrella, pero su tema favorito era el baile. Ella sobresalió en sus clases y seguiría siendo una ferviente bailarina a lo largo de su vida. En ese momento, las rutinas de baile para mujeres y grupos de hombres y mujeres estaban siendo importados de Italia, España y Francia para reemplazar bailes ingleses más simples. Se esperaba que las clases altas de la población inglesa bailaran en cualquier gran reunión, particularmente en la corte. Fue un fenómeno creciente que la propia madre de Isabel había abrazado de todo su corazón, presentando a muchos músicos, artistas y maestros de baile franceses en Inglaterra procedentes del país en el que había vivido la mitad de su vida.

Tres años después de la muerte de la madrastra de Isabel, Juana Seymour, su padre se volvió a casar con una princesa alemana con el nombre de Ana de Cleves. La relación no fue más allá de la ceremonia de la boda, sin embargo, y pronto el matrimonio contractual de la pareja real fue anulado, y la madrastra extranjera de Isabel fue despedida de la corte. Más tarde ese mismo año, en 1540, el 28 de julio, el rey Enrique VIII se volvió a casar con una joven inglesa, Catalina Howard. Era solo unos diez años mayor que lady Isabel y se convirtió en una de las favoritas de la joven hija real.

Capítulo 3 – Isabel y las reales madrastras

En 1540, Inglaterra ya no estaba conmocionada por las travesuras maritales del rey Enrique VIII. De hecho, mantenerse al día con las noticias de su rápida sucesión de esposas ese año fue bastante entretenido. La elección de Enrique de la novia adolescente Catalina Howard aparentemente se basó enteramente en su deseo de tener una esposa virgen. Aunque la joven novia —probablemente solo tenía 15 o 16 años en el momento de la boda— satisfizo a su marido real en la cama, sus relaciones secretas del pasado se revelarían a su debido tiempo. Sin otra figura materna en su vida excepto Kat Ashley, Isabel, de siete años, desarrolló un profundo afecto por su nueva madrastra.

La joven Catalina se deleitó con la atención del rey, aceptando un sinfín de regalos de lujo de gemas, oro, hermosos vestidos e incluso las tierras que solían pertenecer a Juana Seymour. Para entonces, el rey Enrique no era el joven rey guapo y deseable que una vez fue. El marido de Catalina todavía pudo haber sido rey de Inglaterra, pero tenía 49 años y era extremadamente temperamental. Después de sufrir un accidente de justas casi fatal en 1536, el dolor crónico y las úlceras en las piernas cambiaron su temperamento. Pasó de ser un hombre vivaz y deportivo a un hombre sedentario y propenso a la ira.

El rey era muy impredecible, excepto en su lujuria por las mujeres jóvenes.

Catalina Howard era en realidad pariente de su nueva hijastra, lady Isabel, a través de la abuela de la niña, Isabel Bolena. Tan pronto como se estableció en los apartamentos reales, Catalina pidió que Isabel se sentara frente a ella a la hora de comer para poder disfrutar de su compañía. Los miembros de la familia real viajaban con frecuencia, por lo que a menudo se encontraban en diferentes fincas. Para recuperar el tiempo que había perdido con su prima pequeña mientras estaba fuera, la reina programó reuniones frecuentes con Isabel. Le dio muchos regalos, incluyendo joyas y cuentas inscritas. Para Isabel, que todavía muy joven y era ignorada por su padre real, estas atenciones le cambiaron la vida.

Para Catalina, su tiempo como reina fue corto, pero para una niña de seis a siete años como Isabel, esos 16 meses representaron un período formativo de vida. Después de años de ser ignorada por el rey, la exprincesa fue invitada a la casa de su padre para cenar con él y Catalina. Fue la atención más paternal que había recibido desde su nacimiento. Seis meses después de que Catalina y Enrique se casaran, todos los hijos del rey se unieron a ellos en el palacio de Hampton Court para las celebraciones de Navidad y Año Nuevo. Para Isabel y María, fue un raro y conmovedor evento familiar que les mostró que eran realmente importantes para su padre. María, después de haber perdido a su madre cuatro años antes, probablemente estaba más desesperada por un sentimiento de conexión familiar que su hermana menor.

Otro miembro de las fiestas navideñas fue Ana de Cleves, la esposa que había reemplazado a la pequeña Catalina. Ahora oficialmente conocida como la hermana del rey, Ana fue extremadamente amable con su exmarido por su generosidad hacia ella, y ella frunció el ceño sobre la nueva reina y los hijos de Enrique. Todos celebraron lujosamente con comida, bebida, cortesanos y regalos caros. Isabel y María, con 17 años de edad, nunca habían estado cerca antes, pero fueron unas vacaciones como estas las que cimentaron cierto sentido de lealtad entre ambas. La relación resultaría breve, pero quedaría intacta.

En la próxima Navidad, Catalina Howard estaba en prisión por traición, habiendo casi seguro cometido adulterio con uno de los amigos del rey. Fue ejecutada a principios de 1543, y en julio, Isabel y sus hermanos fueron presentados a su última madrastra: Catalina Parr. A diferencia de su predecesora, Parr era una viuda madura que no se esperaba que produjera más hijos reales. En su lugar, probablemente fue elegida porque Enrique estaba envejecido, obeso y enfermo y ella tenía experiencia cuidando de sus dos exmaridos moribundos. Aunque Isabel debió de estar desconcertada por la repentina pérdida de su prima y mentora Catalina Howard, fue inmediatamente tomada bajo la protección de la nueva esposa de su padre.

La nueva esposa real ya había criado hijastros con su marido anterior y mostró un afecto natural y maternal por María, Isabel y Eduardo. Catalina Parr era más protestante que el rey Enrique en ese momento, ya que el rey había suavizado su postura sobre muchos aspectos del catolicismo dentro de su Iglesia en Inglaterra. La pareja discutía la teología regularmente mientras Catalina masajeaba las piernas doloridas de Enrique en su regazo. En ella, parecía que finalmente el inquieto rey inglés, impulsado por la libido, había aprendido a apreciar a una mujer inteligente y empática.

En cuanto a los hijastros más pequeños de Catalina, insistió en seguir guiando su educación continua. Como una de las mujeres más educadas de los Tudor Inglaterra, la reina deseaba transmitir una gran cantidad de conocimiento a Eduardo, el heredero al trono, así como a sus hermanas. Para ayudar al progreso de su hijastra más joven, sin embargo, la reina tuvo que suavizar una vieja brecha entre padre e hija: la eliminación de los nombres de Isabel y María de la sucesión Tudor. En 1544, las suaves conversaciones de Catalina con su marido produjeron su efecto deseado, y el rey Enrique restauró el título de *princesa* a sus dos hijas.

Las chicas estaban muy orgullosas y felices por esta buena fortuna, y para Isabel, significaba un renovado vigor para el estudio al lado de su madrastra. Catalina seleccionó cuidadosamente a los tutores de Cambridge que instruyeron a Isabel y Eduardo en matemáticas avanzadas de la época, astronomía, idiomas escritos y hablados, música, filosofía, economía y política. La suya era una educación cuya variada materia representaba de cerca un plan de estudios moderno. Entre todas las lecciones fue la filosofía protestante religiosa la que Catalina encontró adecuada para los niños de la Inglaterra reformada. Estas enseñanzas espirituales dejaron una impresión de por vida tanto en Isabel como en Eduardo, aunque María seguía siendo católica devota como su propia madre.

El día de Año Nuevo de 1544, Isabel, de 11 años, presentó a su madrastra un libro que había escrito a mano y traducido de un libro francés original, Le Miroir de l'éme pécheresse de Margarita de Navarra. El libro, cuyo título se traduce al español como El espejo de un alma pecaminosa, mostró la devoción y la creencia que Isabel tenía por la nueva religión, así como el amor y la adoración que sentía por la reina. En una carta a Catalina Isabel le pidió a su madrastra que perdonara sus errores y dijo que los corregiría según fuera necesario. La portada del libro fue bordada por la niña, indicando las horas de trabajo que había dedicado no solo a la traducción del texto, sino también a la presentación física. Al año siguiente, Isabel hizo un regalo similar a su padre, esta vez traduciendo la propia obra de Catalina, Oraciones o Meditaciones, al francés, al italiano y al latín.

El intelecto y la ética de trabajo de Isabel no eran algo que su madrastra o su padre encontraran carente. Catalina continuó suministrando a la princesa los mejores tutores, incluso después de que pasara el tiempo tradicional en el que las niñas dejaban de asistir a clases. Personalmente hablando, Catalina era un modelo fuerte para su hijastra en un momento en que las mujeres de todas las clases estaban, por regla general, oprimidas. Cuando el rey Enrique viajó a Francia en una campaña militar, nombró a Catalina Parr su regente, un papel que no había dado a ninguna esposa desde Catalina de Aragón. Con cuidado, pero con orgullo, Catalina mantuvo el consejo con sus propios asesores y se reunió con los de Enrique regularmente, que eran todos hombres. Encontró una intensa desconfianza y aversión de los católicos de la cámara, pero se mantuvo firme en su posición. Cuando Enrique regresó, ella admitió que resultaba un alivio.

La salud del rey finalmente falló a finales de 1546, y pasó la Navidad alejado de su esposa e hijos. Enrique murió el 28 de enero de 1547, en el Palacio de Whitehall. Se había convertido en un hombre inmensamente obeso que tuvo que ser llevado en una silla por los sirvientes durante muchos meses. Su corona recayó, como había planeado con tanto cuidado, en su único hijo legítimo y real, Eduardo Tudor, de nueve años. La princesa Isabel y sus primas Catalina y Juana Grey fueron con la reina viuda Catalina a vivir, continuando su educación espiritual y práctica.

Capítulo 4 – La princesa adolescente

El viejo rey se había preparado para la probabilidad de que muriera antes de que su hijo llegara a una edad apropiada para gobernar Inglaterra e Irlanda. Enrique escogió a dedo un Consejo de Ejecutores de dieciséis hombres, incluyendo a sus cuñados Thomas y Eduardo Seymour, que actuarían en lugar del joven rey hasta que alcanzara la edad de dieciocho años. En cuanto a su viuda e hijas, se les proporcionaría extensas tierras y pensiones anuales.

Mientras Eduardo Seymour, hermano de la difunta reina Juana, arrebató el control del consejo para sí mismo y fue declarado Lord Protector de Inglaterra, Thomas Seymour rápidamente propuso matrimonio a la reina viuda. Después de unos meses de luto por el rey Enrique VIII, Catalina Parr se casó por cuarta vez con Thomas Seymour, tío del rey niño. Era un matrimonio no autorizado por el rey o el consejo, y la princesa María y el rey Eduardo estaban completamente impresionados por la falta de decoro de su madrastra. María incluso le pidió a su hermana menor que dejara de ver a Catalina por completo.

De hecho, más de un mes antes del matrimonio, Seymour había escrito una carta a Isabel, de trece años, pidiéndole que se casara con él. Cuando Isabel lo rechazó en su respuesta, hizo planes para casarse con la reina viuda, con quien había tenido una relación romántica antes de que ella llamara la atención del rey Enrique. Al igual que su hermano, que tenía una mano firme sobre la corona de Eduardo, Thomas tenía hambre de poder. También pudo haber tenido una verdadera atracción sexual hacia Isabel, que era 25 años menor que él.

Según declaraciones grabadas de Kat Ashley, quien acompañó a su joven amante al castillo de Sudeley en Gloucestershire, el nuevo marido de Catalina fue totalmente inapropiado con Isabel desde el momento en que la niña se mudó a su casa. Kat afirmó que Seymour entraba en la habitación de Isabel casi todas las mañanas, lo suficientemente temprano como para encontrarla todavía en la cama. Algunas mañanas se subía a la cama con ella, o actuaba como si fuera a perseguirla con su camisón mientras llevaba una camisa de noche corta que exponía sus piernas desnudas.

Catalina claramente no era consciente de la magnitud del comportamiento de su marido, ya que ella se unió a él una o dos veces en el dormitorio de la chica y se echó a reír felizmente mientras ambos la hacían cosquillas. La reina viuda puede haber creído —quizás correctamente— que Isabel realmente estaba enamorada de Seymour, a pesar de haber rechazado su propuesta de matrimonio y afirmar que era demasiado joven para tal relación. Finalmente, le pidió a la institutriz de la niña que vigilara señales de que Isabel estaba involucrada con un hombre; Ashley no vio tal cosa, pero admitió que la chica tenía una afición confusa por Seymour. La institutriz reprochó repetidamente al amo de la casa por entrar en la cámara de una doncella, pero él insistió en que no le hacía ningún daño y siguió visitándola a primera hora de la mañana.

No es seguro que Isabel estuviera enamorada del marido de su madrastra. Lo cierto es que ella empezó a levantarse temprano por las mañanas en un intento de estar fuera de la cama y completamente vestida para el momento en que Seymour la visitaba. En el verano de 1548, la propia Catalina entró en una habitación para encontrar a su marido abrazado completamente a la niña, momento en el que tomó la decisión de actuar sobre la situación. Al día siguiente, Isabel dejó la casa de Seymour y se fue a vivir con la familia de Kat Ashley en Hertfordshire.

A pesar de las extrañas circunstancias, Isabel continuó escribiendo cartas agradables y sentidas a Catalina. La reina viuda, embarazada de su primer hijo a la edad de 35 años, escribió cartas amorosas a su hijastro favorito hasta dar a luz en septiembre al hijo de Thomas Seymour. Unos días después del nacimiento de María Seymour, Catalina Parr murió de una probable infección. Isabel, María y Eduardo se quedaron sin un padre, una madre o un padrastro amoroso.

Con la muerte de Catalina Parr, Isabel no solo perdió a su amada madre figura y mentora, sino que perdió a la única persona que la había mantenido a salvo fuera del camino de Thomas Seymour. Una vez que su esposa se había ido, Seymour comenzó una vez más a pedir la mano de Isabel en matrimonio, algo que ella volvió a rechazar. Sin estar convencido, Seymour ideó un complot para arrebatar el control del reino a su hermano, Lord Protector. Quería secuestrar al rey Eduardo y forzar a su joven sobrino a casarse con su prima, Juana Grey. Luego se casaría con Isabel, consolidándose así dentro del círculo íntimo de la familia real antes que su hermano. El plan fracasó al principio, ya que Thomas fue atrapado tratando de entrar en los apartamentos del rey en medio de la noche. Fue arrestado y puesto inmediatamente en juicio.

Desafortunadamente para Isabel, de quince años, todos los que estaban estrechamente involucrados con Thomas Seymour también fueron llamados a la corte para ser interrogados a fondo por el consejo oficial del rey Eduardo. Los consejeros eran conscientes de que Isabel había pasado tiempo viviendo en la casa de Thomas y creían que ella era una parte voluntaria de su plan de traición. Al principio, la preocupación de Isabel era principalmente por Thomas, un hombre al que sin duda tenía emociones contradictorias, pero cuando se dio cuenta de que había sellado su propio destino, se centró en protegerse a sí misma y a su institutriz. Tanto Isabel como Kat Ashley explicaron al consejo el comportamiento continuo de Seymour hacia la princesa y dejaron claro que nunca había habido ningún acuerdo matrimonial.

Después de varias semanas de interrogatorio, el consejo no estaba completamente convencido de la historia de Isabel, pero su consistencia en responder a las preguntas los obligó a seguir adelante. Thomas Seymour, sin embargo, fue declarado culpable de traición y ejecutado.

El efecto de la muerte de Seymour en Isabel fue tan pesado como la muerte de Catalina Parr. Regresó a su casa sin Kat Ashley, que estuvo recluida en la Torre de Londres durante varios meses antes de ser liberada. Isabel estaba enferma con dificultades digestivas durante la totalidad de su separación de Kat, e incluso después de que la institutriz llegara a casa, la princesa no fue bienvenida en la corte de su hermano en Londres. Durante los siguientes dos años, Isabel permaneció en su mayoría fuera de la vista de los cortesanos y trató de recuperarse de la pérdida de su familia adoptiva. A la edad de diecisiete años, sin embargo, era hora de que su recepción oficial fuera en Londres.

En su regreso a la corte, la princesa Isabel era muy consciente del escándalo en el que había estado involucrada unos pocos años antes con el infame traidor Thomas Seymour. Después de la ejecución, el hermano de Seymour fue reemplazado como Lord Protector por John Dudley, padre del amigo de la infancia de Isabel, Roberto. Cuando regresó a los pasillos del palacio, Isabel quería que todos, incluidos los Dudley, vieran que era una princesa moral, casta y apropiada de Inglaterra. Ella dedicó mucho tiempo en seleccionar las vestimentas más apropiadas para su armario y eligió vestidos modestos blancos o negros, lisos y sin adornos. Tal como ella quería, los cortesanos comentaron su modestia y piedad. Las prendas sencillas contrastaban con los lujosos y extravagantes vestidos que usaría unos años más tarde.

Capítulo 5 – Un aluvión de sucesiones

Eduardo Tudor pudo haber sido el único de los hijos legítimos del rey Enrique que sobrevivió a su infancia, pero no era un niño excepcionalmente saludable. Contrajo varias enfermedades a lo largo de su joven vida, la peor de las cuales fue la tuberculosis a principios de 1553. El rey comenzó a toser en enero y pronto se cansó, se debilitó y sufrió dificultades respiratorias. Con el aumento de la fiebre, las piernas de Eduardo pronto se hincharon tanto que ya no podía permanecer de pie. Se acostó en la cama con un dolor intenso, apenas pudo respirar hasta que finalmente murió el 6 de julio en el Palacio de Placentia. Una autopsia reveló úlceras en sus pulmones.

El rey Eduardo VI tenía solo quince años cuando murió, lo que significaba que no estaba casado y no tenía heredero. El rey Enrique, después de haber escrito a sus hijas de nuevo sobre su voluntad, había colocado a María en la línea después de Eduardo. Eduardo, sin embargo, había enmendado su propia voluntad muy poco antes de su muerte con sus propias intenciones con respecto al próximo monarca. El documento fue garabateado con una escritura muy desordenada y débil, acompañada de su firma. Se había hecho un cambio muy importante, y aparentemente de última hora, con respecto a su prima

Juana Grey. Cuando el texto del documento había indicado originalmente que la descendencia masculina de Juana formaba parte de la línea de sucesión, se habían añadido una línea y dos palabras para cambiar el significado. En lugar de que la corona pasara potencialmente a "los hijos de Juana", ahora podría pasar a "Juana y sus hijos".

Para Isabel, no había muchas oportunidades, ya que su media hermana María siempre estaría por delante de ella en la línea de sucesión. Para María misma, ese cambio de última hora en la sucesión afectó a todo su futuro. Igual que le ocurrió a Juana Grey, de 17 años, prima de los hijos del rey Enrique a través de la hermana de Enrique, María.

Se ha especulado que el nombre de Juana fue añadido a la voluntad de Eduardo por la mano manipuladora de su Lord Protector, John Dudley. Incluso antes de ser nombrada sucesora del rey, Juana había sido presionada en un matrimonio arreglado con el mayor de los hijos de Dudley, Guildford. Sabiendo que el rey tal vez iba a morir pronto, Dudley hizo que su hijo se casara con Juana ese mismo mayo en un intento de que la pareja tuviera un hijo y heredero. En ese momento, ya que literalmente no había hombres Tudor disponibles, un hijo de cualquiera de las hijas del rey Enrique o sus primos habría sido la primera opción para el trono. Ni Juana ni sus hermanas, también presionadas en matrimonios ventajosos con hombres aristocráticos, quedaron embarazadas cuando su primo, el rey, murió.

Juana Grey, por lo tanto, fue la primera opción de Eduardo para tomar su corona. Fue una bofetada en la cara de su media hermana María, que no solo había estado cerca de él en su juventud, sino que había sido la elección del viejo rey después de él. En retrospectiva, Eduardo había sido criado protestante mientras que su hermana mayor era una firme católica. Tanto Eduardo VI como su padre se habían dedicado a la nueva religión y a la Iglesia de Inglaterra, una institución que había costado muchas vidas y alianzas. El joven rey estaba muy dedicado a la religión en la que había sido educado y dudaba de la capacidad de María para trabajar dentro de la estructura que su padre había establecido. Juana, por otro lado, había sido educada junto a él y se podía confiar en que siguiera los planes de Eduardo al pie de la letra.

Tristemente, para Isabel Tudor, que era una parte importante en la sucesión de su padre, Eduardo la pasó por alto junto con María. En términos de religión y política, Isabel habría sido un buen reemplazo para su hermano menor. Entonces, ¿por qué eligió a Juana? Tal vez era tan simple como necesitar una razón firme para rechazar a María para que así no pareciera una decisión personal. Si, por lo tanto, María no era adecuada como candidata al trono porque todavía era considerada una hija ilegítima de Enrique VIII, también lo sería para Isabel. Así, ambas hijas del viejo rey fueron rechazadas por su hermano.

Rápidamente, ante el terror y la consternación de la propia joven, Juana Grey fue declarada reina de Inglaterra el 10 de julio de 1553 por John Dudley y un grupo de sus aliados políticos. Al principio, Juana protestó, sabiendo muy bien que María Tudor había sido la presunta heredera durante todo el reinado de Eduardo. Dudley insistió, sin embargo, y la joven finalmente cedió a los deseos de su poderoso suegro y sus amigos. Fue a la Torre de Londres, como era tradicional para un nuevo monarca, y se instaló en los apartamentos reales de su primo.

María Tudor no fue inmediatamente informada de la muerte de su hermano, pero una vez que la noticia finalmente llegó a ella, se fue a Londres con un grupo de partidarios y su hermana Isabel a su lado. Su progreso fue tan popular que cuando llegó a la Torre de Londres, el propio consejo de Juana ya había cambiado su lealtad. María fue juzgada como reina de Inglaterra, mientras que Juana, su esposo y el propio John Dudley fueron arrestados. Juana solo había reinado durante nueve días. Todos fueron juzgados, encontrados culpables de alta traición, y ejecutados por orden de María.

La hermana mayor de Isabel había esperado para vengar a su madre durante años, y una vez que ganó el control del trono, estaba decidida a mantenerlo. Juana Grey ya no era una amenaza, pero su hermana Catalina sí lo era. Por lo tanto, fue encarcelada indefinidamente. Eso solo dejó a Isabel como una rival potencial, y María mantuvo a su hermana muy cerca. En 1554, María recibió una oferta que no pudo rechazar cuando el príncipe Felipe de España propuso matrimonio. Ella accedió de todo corazón al matrimonio, y pronto siguió adelante con su plan de reunir a Inglaterra e Irlanda con la Iglesia católica.

La persecución del protestantismo en el reino era muy impopular, y antes de la boda de María con Felipe de España, hubo protestas masivas y disturbios. Cuando las rebeliones estuvieron bajo control de la reina María, sus asesores señalaron a Isabel. Estaba convencida de que Isabel debía haber tenido algo que ver con los disturbios. El 18 de marzo de 1554, Isabel fue encarcelada en la Torre de Londres. A pesar de los consejos para que su hermana fuera ejecutada, María envió a Isabel a Woodstock, Oxfordshire, para cumplir arresto domiciliario en mayo. Un año más tarde, durante lo que probablemente fue un embarazo falso por parte de María, Isabel fue liberada. Regresó a su casa de la infancia, Hatfield.

Capítulo 6 – La reina Isabel I

Isabel Tudor pasó sus primeros veinte años tanto como había pasado su adolescencia después del escándalo con Thomas Seymour: permaneció fuera de la vista pública. Una vez más, se le aconsejó a la joven actuar y vestirse modestamente, no solo para convencer a los ingenuos de su inocencia con respecto a los disturbios anticatólicos, sino también para mostrar claramente que ella no estaba tratando de asociarse con su cuñado, Felipe. Sus intenciones eran claras, especialmente cuando María, once años mayor que él, enfermó terminalmente en 1558.

Como rey de España, Nápoles y Sicilia, Felipe estaba muy interesado en expandir el imperio de su familia para incluir las islas británicas. El matrimonio con María había sido puramente político de su lado, aunque la reina inglesa estaba muy apegada emocionalmente a su marido. Felipe sabía que, si su reina moría, necesitaba volver a casarse rápidamente con Isabel, Catalina Grey o María Estuardo para conservar su influencia en la región. Isabel era su elección preferida.

Por su parte, Isabel estaba completamente desinteresada en el monarca español. Él, al igual que su hermana, era un católico acérrimo que no quería nada más que poner a Inglaterra bajo los poderes administrativos de España. Cuando María murió el 17 de noviembre de 1558, Isabel era su sucesora incuestionable, y Felipe no tenía suerte. Isabel dejó Hatfield para ir a Londres como una mujer soltera decidida a restaurar el reino a su antiguo estado dentro de la Iglesia de Inglaterra.

Era el 14 de enero de 1559, cuando Isabel y su séquito desfilaron por Londres en la víspera de su coronación oficial como reina de Inglaterra. Habló amablemente a los ciudadanos que se reunieron a ambos lados de las calles para darle la bienvenida, ganando su afecto y confianza. Al igual que su madre, Ana Bolena, la noche antes de su propia coronación, Isabel se quedó en la Torre de Londres. Al día siguiente, iba con un lujoso vestido de oro con túnicas a juego. El tejido estaba estampado con rosas Tudor modificadas, el símbolo de su familia desde que el rey Enrique VII unió las casas de Lancaster y York en 1485. Su cabello era largo y rojo como el de su padre, un hombre que trataría de emular a partir de ese momento. La hija de Ana Bolena, la mujer para la que el rey Enrique VIII había reorganizado todo un reino, fue coronada reina de Inglaterra e Irlanda el 15 de enero. La fecha fue elegida por su astrólogo, John Dee.

Aunque Isabel probablemente había llegado a un acuerdo con el hecho de que casi con seguridad se convertiría en reina después de que su hermana sufriera múltiples falsos embarazos, había pasado su infancia y la edad adulta temprana creyendo lo contrario. Con solo 25 años de edad, de repente tenía el peso de todo un reino y legado familiar sobre sus hombros. Había dos problemas inmediatos que enfrentar: la amenaza de los católicos dentro y fuera de Inglaterra, y el hecho de que ella no estaba casada.

El primer problema podría resolverse abordando el segundo problema; la elección de marido de la reina Isabel alinearía una nación protestante o católica con la suya. Felipe, por ejemplo, proporcionaría a Isabel un fuerte ejército católico con el que seguir reprimiendo a los protestantes desplazados de Inglaterra. Un rey o príncipe de la Alemania protestante, por otro lado, proporcionaría apoyo en su plan de restablecer la Iglesia de Inglaterra.

Sin embargo, había un problema subyacente que causaba gran ansiedad a Isabel cuando se trataba del matrimonio. Por mucho que admiraba a su poderoso padre, la joven reina lo había visto usar a un número casi infinito de mujeres para obtener lo que quería de ellas antes de pasar a la siguiente. Su propia madre fue víctima de su ira, seguida no mucho después por Catalina Howard. Todas las esposas del gran Enrique VIII habían sufrido, desde Catalina de Aragón hasta Catalina Parr, tratando de dar al rey lo que había querido. Y a ninguna de esas mujeres se le había dado ni una cuarta parte del poder que el propio Enrique tenía. Después de una infancia y una educación como la suya, ¿cómo podría la reina Isabel sentirse segura en cualquier matrimonio?

Para empeorar aún más su perspectiva del matrimonio, Isabel había visto a su propia hermana casarse con entusiasmo con un hombre que no le había dado ningún amor. Felipe había insistido en que fuera nombrado rey de Inglaterra y se le permitió poner el reino de María bajo el poder de su propia patria. No importa desde qué punto lo mirara, Isabel no podía encontrar una respuesta clara. Ella sabía muy bien que una alianza contractual con cualquier hombre podría significar en el mejor de los casos despojarla de su poder y en el peor de los casos robarle su vida. Sin embargo, se esperaba que la reina eligiera un marido, por lo que Isabel pareció entrar en el juego. Su primera consideración seria fue su amigo de toda la vida, Robert Dudley.

No fue una gran elección, porque, aunque los Dudley eran una familia antigua y noble, no tenían parentesco directo con la monarquía de Inglaterra. El padre de Robert, John, había sido ejecutado cuando María I tomó el trono, y el propio Robert fue condenado a muerte, pero liberado de prisión en 1554. Además, Robert Dudley ya estaba casado con una mujer llamada Amy Robsart.

Amy y Robert se habían casado en 1550, y mientras Robert estaba encarcelado bajo María I en la Torre de Londres, su esposa lo visitaba. Cuando fue liberado, fueron a vivir juntos con un pequeño ingreso. Después de la muerte de la reina María, la fortuna de los

Dudley cambió para mejor cuando la reina Isabel I nombró a Robert su maestro ecuestre. Restaurado a una posición de importancia, Robert pasó la mayor parte de su tiempo en la corte con la reina y sus cortesanos, mientras que Amy mantuvo su propia casa en otro lugar. La pareja se veía raramente.

Cuando Amy se enfermó de cáncer de mama y fue encontrada muerta en la parte inferior de las escaleras de su casa, los dedos inmediatamente señalaron a Robert. Estaba claro para todos en Londres que Dudley quería una oportunidad real de convertirse en el marido de la reina, pero con una esposa en otra parte del país, eso nunca podría suceder. A muchos en la corte les pareció que tal vez Isabel y Robert se habían cansado de esperar a que la enferma Amy muriera y arreglaron que alguien terminara su vida mucho más abruptamente. Es una teoría que ha sido imposible probar de una manera u otra. Aun así, más contemporáneos e historiadores sostienen que Amy, con mucho dolor, se suicidó.

Cualquiera que fueran las verdaderas circunstancias alrededor de la muerte de Amy Robsart, mancilló la reputación de Robert e hizo socialmente imposible que Isabel se casara con él. Aun así, Dudley permaneció soltero, probablemente con la esperanza de que el escándalo se extinguiera y Isabel finalmente sintiera que era el momento adecuado para casarse. Esperó, todavía en la corte, pero no se hicieron anuncios. Su romance se enfrió ligeramente en los años siguientes.

Mientras tanto, la reina tenía otros asuntos que atender. Estaba decidida a vigilar de cerca la administración de la Iglesia de Inglaterra y asegurarse de que su voluntad religiosa se estuviera aplicando correctamente. Exigió que todos los ciudadanos de su reino asistieran a los servicios eclesiásticos todos los domingos y que utilizaran el Libro de Oración Común, que había sido publicado bajo el gobierno de su hermano. Aunque sus expectativas pueden parecer muy estrictas desde una perspectiva moderna, Isabel tomó una mano relativamente suave en la actividad religiosa en comparación con su hermana. Ella derogó las leyes de herejía de María y eliminó la pena capital.

El siguiente gran obstáculo para la joven reina llegó en 1562 cuando contrajo viruela. Fue una enfermedad descontrolada en aquel momento y que mataba a sus víctimas o las dejaba terribles cicatrices. Siete días después de lo que al principio se pensó que era un resfriado, se consideró que la reina Isabel estaba cercana a la muerte. Delirante de fiebre, les dijo a sus asesores que hicieran a Robert Dudley protector del reino en caso de su muerte, jurando que nunca había pasado nada inapropiado entre ellos. Fue una orden que nunca tuvo que llevarse a cabo desde que Isabel se recupere plenamente. Solo unas pocas cicatrices marcaron su rostro, y después, la reina se deshizo de ellas con un maquillaje de plomo blanco.

Capítulo 7 – Sir Francis Drake y los asentamientos isabelinos

La negación por parte de la reina Isabel de la propuesta de matrimonio del rey Felipe de España, junto con su reinstalación de la Iglesia protestante de Inglaterra, hizo que pobres relaciones entre Inglaterra y España fueran aún peores. Cada monarca quería probar que la suya era la mejor religión y el reino del mundo, lo que creó una especie de guerra fría entre las naciones. Mientras tanto, el rey Felipe había colonizado vastas extensiones de tierra en el Nuevo Mundo que enviaron cantidades sin precedentes de oro y plata de vuelta a España. La reina Isabel y sus predecesores habían sido muy lentos en actuar sobre el descubrimiento de nuevas tierras al oeste de las islas británicas, y sin casi posesiones en América del Norte o del Sur, Inglaterra estaba completamente rezagada. Gracias a los esfuerzos furtivos y apasionados de unos hábiles exploradores británicos, la reina finalmente fue convencida de invertir en la exploración occidental.

Francis Drake fue el marinero y explorador más preciado de Isabel. Navegó varias veces por su propia voluntad a las colonias españolas del Caribe y Sudamérica, emocionado por todas las posibilidades de un continente mayormente desconocido. Para

Drake, el Atlántico estaba lleno de oportunidades en forma de barcos españoles y portugueses llenos de oro, plata y esclavos. Pirateó todo lo que pudo y a menudo vendió los bienes y encarceló a los propios colonos españoles. Embolsándose los metales preciosos y presentando parte del botín a la reina cuando le convenía, Drake se hizo un nombre en toda Europa: El Dragón. Oficialmente, la reina Isabel no podía tener nada que ver con los bienes piratas pertenecientes al rey Felipe, pero ella secretamente dio su favor y apoyo a Drake y sus tripulaciones.

En 1577, Isabel se reunió con Drake para proponer una misión secreta: la ruina de los barcos españoles a lo largo de la costa del Pacífico de América y el saqueo de todos los bienes valiosos. Ningún barco inglés había navegado por el Pacífico en ese momento, pero Drake había estado soñando con ello desde que había visto el océano occidental desde lo alto en una copa de árbol panameña, años antes. El marinero aceptó felizmente la comisión y partió a finales de ese mismo año. Su viaje duró tres años en total y lo llevó alrededor de todo del mundo.

Durante su viaje, Drake reclamó lo que ahora es California en nombre de Inglaterra. También asaltó los barcos españoles en el camino según lo ordenado y llegó a casa con grandes riquezas en oro, plata y especias. La mitad fue gravada por la corona, y fue suficiente para superar el resto de los ingresos anuales de Isabel para ese año. De los cinco barcos y 164 hombres que partieron en la misión, un barco y 59 hombres regresaron a Inglaterra.

Por el servicio de Drake a la corona, Isabel lo nombró caballero el 4 de abril de 1581, a bordo de su barco el *Golden Hind*. Perfectamente consciente del hecho de que su apoyo a la piratería de Drake contra barcos y campamentos españoles podía ser visto como un llamamiento a la guerra, la reina Isabel optó por no realizar la ceremonia ella misma. En su lugar, le preguntó amablemente a un diplomático francés visitante si él haría los honores. Monsieur de Marchaumont estaba feliz de hacer lo que la reina le había pedido. Marchaumont había sido enviado a Inglaterra para convencer a Isabel de casarse con el duque de Anjou, hermano del rey de Francia, por lo tanto, estaba muy ansioso por complacerla. Al realizar el caballero por apoderado, la reina insinuó inteligentemente que la propia Francia consintió su comportamiento —y el de Drake— contra su vecino español.

Mientras Francis Drake estaba felizmente atacando barcos españoles y causando problemas en el extranjero, otro experto naval, Humphrey Gilbert, tuvo una idea diferente sobre cómo usar sus habilidades. Gilbert estaba decidido a establecer una colonia inglesa en el Nuevo Mundo, y juró a la reina que encontraría la manera de hacerlo realidad. En 1583, Gilbert navegó a lo que se convertiría en Terranova, Canadá, y lo reclamó para la reina. Encontrar tierras no reclamadas era una piedra angular de su plan, no solo por la razón obvia de que necesitaba un espacio físico para sus colonos, sino porque había vendido por adelantado muchas tierras antes de zarpar.

Gilbert navegó fieramente hasta la bahía y se estrelló contra las rocas de Terranova. Pescadores de España, Portugal y Francia remolcaron el barco y miraron desafiantes mientras Gilbert colocaba una tienda de campaña y una bandera en el suelo, reclamando la tierra para la reina Isabel de Inglaterra e Irlanda. Desafortunadamente, no pasó mucho tiempo antes de que los más de 200 peregrinos del reino de Isabel se desencantaron con la fría y rocosa costa que habían reclamado. Poco después de establecerse, navegaron hacia el sur en busca de un clima más suave y quedaron atrapados en una terrible tormenta. Gilbert se vio obligado a reagruparse y regresar a Inglaterra. Murió en el mar durante una violenta tormenta en su camino a casa.

La reina Isabel pasó el encargo al medio hermano de Gilbert, Walter Raleigh. Raleigh era un encantador y un hombre guapo que se convirtió en una persona muy cercana a la reina. También escritor, poeta, soldado y miembro de la aristocracia rica en tierras de Inglaterra, Raleigh fue una figura muy popular en la corte. Isabel, siempre dispuesta para disfrutar de la compañía de un hombre ingenioso e inteligente, recompensó los servicios de su fiel aventurero dándole el monopolio del comercio de vino. Isabel, todavía una reina bastante joven, de unos 30 años, escuchó atentamente las historias del explorador de tribus exóticas, selvas húmedas y una leyenda de una ciudad sudamericana de oro. Fue, de hecho, la leyenda de El Dorado que llevó a Walter Raleigh de vuelta al Nuevo Mundo una y otra vez.

A Isabel le encantaba la poesía y la fantasía de las historias de su oficial naval, pero todavía era una reina pragmática. Ella encargó a Raleigh el trabajo de crear una colonia inglesa que estuviera bien posicionada para que pudiera ser autosostenible. Esperaba que el nuevo establecimiento estuviera lo suficientemente cerca de las tierras ricas en oro de la Nueva España para proporcionar a su propio reino ingresos regulares. En cambio, mientras Raleigh se dirigía una vez más a explorar América del Sur en 1585, ordenó a un selecto grupo de colonos hacia el norte, donde él mismo nunca había puesto un pie, para que estableciera una colonia en Roanoke.

Roanoke fue establecido por los colonos de Raleigh justo frente a la costa de la actual Carolina del Norte en el océano Atlántico. Fue increíblemente importante para Raleigh y sus amigos ricos que Roanoke se convirtiera en un éxito porque la reina Isabel se negó a invertir directamente en la empresa. Aunque regularmente puso dinero en barcos mercantes e incluso en las flotas piratas de Francis Drake, Isabel se dio cuenta de que no habría recompensas inmediatas por la creación de una colonia. Fue un proyecto a largo plazo para el que proporcionó reales decretos y permisos, pero no fondos. Por supuesto, sabía que las ganancias de Raleigh de las importaciones y exportaciones de vino de Inglaterra iban a tardar mucho tiempo en dar sus frutos para financiar el proyecto.

Roanoke, por desgracia, fue un gran fracaso. La primera ronda de colonos abandonó la isla, que Raleigh había nombrado Virginia en honor a la llamada Virgen Reina de Inglaterra. Una segunda ronda de colonos se trasladó a la isla en 1587, pero para cuando llegaron a su nuevo hogar, el año ya estaba muy avanzado para plantar cultivos. El gobernador, John White, se vio obligado a navegar de vuelta a Inglaterra para reunir más alimentos y suministros. A su regreso a

Inglaterra, White se encontró en medio de una batalla entre Inglaterra y España.

La guerra fría había llegado a un final violento.

Capítulo 8 – María, reina de Escocia y guerra con España

Con cada barco y marinero capaz necesario para el esfuerzo de guerra, la colonia isabelina de White y Raleigh se vio obligada a valerse por sí misma. No se podían enviar suministros a la colonia que sufría en Roanoke hasta que los combates se detuvieran. Además, Isabel necesitaba a sus mejores hombres en casa para mantener la isla a salvo del enorme ejército de buques de guerra de España. Recordó a Raleigh, Drake y dio papeles vitales dentro de la marina inglesa a sus contrapartes.

Robert Dudley también tuvo su parte en el conflicto. A través de la década de 1580, Dudley con frecuencia pasó tiempo en los Países Bajos para crear una alianza con los holandeses contra sus gobernantes coloniales, los españoles. Había otra razón por la que la Europa católica estaba en armas contra Inglaterra: la ejecución de María Estuardo, prima de la reina Isabel y depuesta a la reina de Escocia. María, heredera directa de la corona escocesa, se había criado en Francia con una estricta educación católica. Tras un breve reinado en Francia, María regresó a Escocia en 1561 para reclamar su trono después de la muerte de su marido, el rey Francisco II.

La experiencia de María en el trono escocés no era lo que ella debía de haber esperado. Ella estaba constantemente amenazada por los poderosos miembros protestantes de su consejo y reino, siendo su medio hermano uno de los más peligrosos, James Stewart, y su esposo, Enrique Estuardo. Enrique conspiró para que su esposa fuera asesinada para que pudiera tomar la corona por sí mismo, pero antes de que el complot pudiera ser llevado a cabo, el propio Enrique fue asesinado. Poco después, el hermano de la reina María secuestró a su hijo y chantajeó a María para que abdicase en favor del niño Jaime VI. James Stewart se declaró regente sobre el niño, tomando el control del país. María levantó varios ejércitos para retomar su trono, pero finalmente se vio obligada a escapar a Inglaterra.

En 1585, Isabel había sido anfitriona de su prima real durante diecisiete años. Aunque había habido animosidad entre Inglaterra y Escocia durante siglos, las familias reales estaban estrechamente relacionadas. María Estuardo era nieta de Margarita Tudor, que era la tía de Isabel Tudor.

La reina Isabel no estaba del todo segura de qué hacer con la reina María, aunque la reina escocesa creía que Isabel debía apoyar su causa. La reina de Inglaterra no iba a enviar un ejército hacia el norte para luchar por alguien a quien había visto como un rival político desde que ascendía al trono. Mientras ella consideraba la situación, Isabel le proporcionó a María ropa y suministros básicos y albergó a María y a algunas de sus damas de compañía en el castillo de Bolton. Era un tratamiento que parecía muy hospitalario en la superficie, pero Isabel era una reina cuidadosa que siempre estaba atenta sobre aquellos que potencialmente podían causarle problemas. El castillo de Bolton y otras fincas de este tipo se convirtieron en prisiones para María Estuardo, hasta que las cartas interceptadas entre la reina escocesa y su aliada Thomas Babington revelaron detalles de un complot para asesinar a Isabel y reemplazarla por María. Declarada culpable de traición, María de Escocia fue condenada a muerte en 1587, aunque la sentencia se llevó a cabo antes de que la propia reina Isabel diera la orden.

La ejecución de un monarca católico fue la gota que colmó el vaso del rey español Felipe, que preparó su Armada para vengarse de la reina Isabel. Ninguna de las dos naciones declaró oficialmente la guerra, pero tanto Isabel como Felipe sabían que el tiempo de los ataques subvertidos había terminado. Francis Drake navegó hasta el puerto de Cádiz en España y quemó 37 barcos, desatando el ataque naval. Mientras Felipe construía nuevos barcos y reunía un ejército, también se puso en contacto con el papa Sixto V para recibir apoyo en su campaña antibritánica. Sixto no solo se pronunció en contra de la reina Isabel, sino que llegó a conceder al rey Felipe la autoridad de la Iglesia católica para sacarla del trono de Inglaterra y reemplazarla por alguien de su elección. Si el ejército de Felipe tuviera éxito, tendría el control total de Inglaterra e Irlanda.

En mayo de 1588, 130 buques de guerra partieron de España con 18.000 marineros y 8.000 soldados. Su primera parada fueron los Países Bajos controlados por los españoles, donde pretendían recoger a más soldados. Para llegar al pequeño país costero, la Armada tuvo que navegar hacia el norte hasta el canal de la Mancha, donde fue interceptada vigorosamente por la propia Marina de la reina Isabel. La flota inglesa estaba totalmente preparada para el enfrentamiento, con Francis Drake y el peso pesado naval, el almirante Charles Howard, listos para atacar. La Armada fue empujada violentamente hacia atrás y finalmente forzada a aterrizar en el puerto francés de Calais.

En la costa inglesa, la reina Isabel salió a reunirse con sus tropas con armadura de batalla completa como su padre había hecho tantas veces antes. Aunque no tenía la intención de unirse personalmente a la lucha, se dio cuenta de que había un gran potencial motivacional en su mera aparición en el campo de batalla. Al igual que ella, Isabel puso gran pensamiento en su apariencia y eligió un traje de armadura para hacerla parecer grande, fuerte y real. El traje fue un gran éxito con los soldados ingleses, y se reunieron por miles para oírla hablar.

«Y, por lo tanto, he venido ante vosotros en este momento, no por mi recreación, sino para, en medio y al calor de la batalla, vivir o morir entre todos vosotros; para luchar, por mi Dios, y por mi reino, y por mi pueblo, mi honor y mi sangre. Sé que no tengo más que el cuerpo de una mujer frágil y débil; pero tengo el corazón de un rey, el rey de Inglaterra».

Isabel tenía la ventaja de gobernar sobre un reino insular al que solo se podía llegar por mar, y tan fuerte y temible como lo era la Armada española, ni siquiera podía influir en el clima. La Marina inglesa volvió a atacar cuando los españoles intentaron cruzar el Canal hacia el oeste, esta vez forzando la armada hacia el norte a lo largo de la costa escocesa. Soportando fuertes tormentas, los barcos españoles viajaron arriba y sobre Escocia para volver en la costa irlandesa. Muchos buques de guerra fueron destrozaron debido a la insistente tormenta, mientras que los marineros sucumbieron a la enfermedad. El resto navegó de vuelta a casa.

El ejército de la reina había tenido un gran éxito en su defensa del reino, pero la guerra se prolongó durante otra década en constantes intentos de Felipe II para capturar Inglaterra. Por su parte, Isabel deseaba capturar algunos puertos de España y Portugal, pero solo logró pequeñas incursiones con el mismo saqueo que sus capitanes siempre habían hecho en Sudamérica. La muerte del rey español y la sucesión de su hijo, Felipe III, anunciaron el fin de una costosa guerra que fue, para España, completamente infructuosa.

Para cuando Felipe III heredó la corona española, la reina Isabel de Inglaterra había conservado todo su reino, se apoderó de innumerables bienes de España y se ganó la confianza y el apoyo duraderos de una gran parte de los Países Bajos. No dispuesto a continuar una campaña tan inútil, el nuevo rey Felipe firmó un tratado de paz con su poderoso vecino. Las negociaciones de paz entre las naciones tardaron más de cinco años.

Capítulo 9 – Arte y cultura en la Inglaterra isabelina

La primera derrota de la Armada Española marcó el comienzo del capítulo final para la reina Isabel I. Tenía 55 años, y cualquier esperanza que la corte y el país habían tenido para un matrimonio entre el monarca y un hombre adecuado habían desaparecido hace mucho tiempo. Incluso Robert Dudley se había vuelto a casar en secreto en 1578, y el último cortesano serio para la mano de la reina —Francisco, hijo menor del rey francés Enrique II— había muerto cuatro años antes, en 1544. Isabel era una solterona decidida, "casada con Inglaterra", como le gustaba decir, y su belleza juvenil se había desvanecido en la década anterior. Sin embargo, tal vez todavía conmovida por su primer amor, cuando la reina supo que Dudley tenía una nueva esposa, ella les desterró tanto a él como a la mujer de la corte.

Como reina envejecida, las metas de Isabel para su reino se hicieron más amplias de lo que habían sido cuando era una joven adulta. Había invertido mucho en el ejército y protegía sus fronteras; su país estaba endeudado con cinco millones de libras por el esfuerzo bélico, y los ingresos reales eran solo 300.000 libras anuales. Sin embargo, el reino era considerado seguro, lo que significó que Isabel finalmente se sintió capaz de mirar hacia el florecimiento de la cultura inglesa contemporánea.

Las artes se desarrollaron durante el reinado de Isabel, tanto para su propia diversión en la corte como en las clases altas y medias de Inglaterra. Las pinturas en miniatura, más comúnmente retratos, alcanzaron su apogeo de popularidad durante el reinado de Isabel, al igual que la composición de laúd y la música de órgano que ahora se clasifica como de estilo isabelino.

Amante del arte, el baile y la música desde la infancia, probablemente fue una gran alegría para la reina volver su mirada a la nueva forma de arte que se había importado de Europa: el teatro. James Burbage construyó El Teatro en 1576, y fue el primer lugar formal en el que los dramaturgos, actores y espectadores ingleses podían reunirse. El propio hijo de Burbage era un actor de profesión, y amigo del guionista William Shakespeare. Este último, por supuesto, pasaría a escribir docenas de obras de teatro que todavía se interpretan para audiencias en directo, programas de televisión y películas hoy en día.

La propia reina Isabel estaba encantada con la obra de Shakespeare, encargándole a él y a su compañía actuar en la corte tres veces solo en 1595. Como era costumbre en el resto de Europa, la reina no se dignó a bajar a la condición de simple ciudadano apareciendo en el teatro público para un espectáculo. En su lugar, invitaba a grupos de actuación a actuar en una de sus propiedades reales. El teatro se convirtió en una alegría para la reina que ordenó la formación de su propia compañía de actuación donde solo podían actuar hombres.

Los actores de la reina fueron elegidos por sir Francis Walsingham, uno de los principales secretarios de Isabel. Walsingham seleccionó a aquellos que consideraba los más talentosos y populares de las compañías de actuación existentes, consiguiendo a los mejor para la reina. Los que formaron la compañía final fueron responsables de la mayor parte del entretenimiento en las casas reales, aunque la selección de sus guiones era dominio del propio secretario.

A los hombres de la reina Isabel se les concedieron salarios y uniformes de la propia reina; sin embargo, solo se les permitió actuar en lugares que ella consideraba apropiados, y actuar en obras que eran políticamente inocuas. En otras palabras, se esperaba que la compañía de actuación de Isabel representara plenamente la corona, tanto en los ideales de sus actuaciones como en la nobleza percibida de los teatros que frecuentaban. Para los propios actores, el salario probablemente superaba la media de lo que cobraban los de su profesión. Isabel invitó a William Shakespeare y su propia compañía de actuación a la corte, donde ella personalmente asistió a la primera presentación de *El sueño de una noche de verano*.

Las ansias de dominación continental de la reina, sin embargo, nunca se realizaron. Después de no haber conquistado ninguna tierra en el continente europeo, Isabel comenzó a considerar métodos más poco tradicionales para expandir su pequeño reino en un imperio internacional. El asentamiento en Roanoke en América del Norte había fracasado, John White había regresado para encontrar a todos los colonos desaparecidos en 1590. El área en la que los exploradores de Isabel habían estado mapeando e intentando asentamientos, sin embargo, todavía se consideraba tierra inglesa, llamada Virginia en honor de la Virgen (soltera) reina. Con los esfuerzos coloniales estadounidenses continuando lentamente, Isabel centró su atención hacia el este.

Aunque los comerciantes holandeses y españoles habían estado frecuentando el océano Índico durante décadas ya, trayendo a casa telas exóticas, especias, té, opio, y otros productos de tierras tan lejanas como China, los comerciantes ingleses eran raros en la zona. Buscando remediar este hecho, la reina Isabel emitió una carta real a la recién nacida la Compañía británica de las Indias Orientales en 1600, otorgándoles la única licencia para comerciar con Asia. Su decisión cambió Inglaterra —e India— para siempre.

Los primeros años de la Compañía Británica de las Indias Orientales tuvieron mucho éxito, centrándose en los productos comerciales clásicos. Trajeron té a Inglaterra por barco, transformando los gustos y la cocina del otrora aislado y diminuto reino. Isabel probablemente tenía 67 años cuando se le regaló una taza de té negro caliente por primera vez, pero sin duda lo probó justo cuando había fumado tabaco y comido patatas traídas por intrépidos exploradores del mundo. ¿Le gustó? Su opinión se ha perdido en los siglos, pero una cosa es segura: el té se convertiría en una parte integral de la cultura inglesa en pocos siglos. Las futuras reinas Victoria y Isabel II, ambas descendientes directas de la monarquía Tudor, saludaban a los dignatarios visitantes con una taza caliente de té y dulces. Hoy en día, incluso la palabra *té* es sinónimo de la comida británica del mediodía.

Sin embargo, la influencia de la empresa comercial fue más allá del comercio de especias. En los siglos XVII y XVIII, la Compañía británica de las Indias Orientales cambió su enfoque sobre el envío de mercancías y se decantó por la inversión en tierras indias, una medida que posicionó a los monarcas británicos para colonizar gran parte de la India en el siglo XIX. Aunque la India está libre de sus gobernantes coloniales hoy en día, la conexión entre los dos países ha demostrado ser duradera. Trabajadores, estudiantes y viajeros, y sus recetas y especias caseras, transformaron una tierra que bajo la reina Isabel I había sido casi completamente anglicana, y acostumbrada a una cocina pesada sin especias.

Isabel no podría haber sabido cómo sus decisiones afectarían a Inglaterra siglos después, pero seguramente habría estado orgullosa de saber que dirigió su reino en la dirección correcta para convertirse en un imperio colonial, y una nación cuya moneda ha seguido siendo una de las más valiosas del mundo. Personalmente, Isabel disfrutó de sus años dorados al máximo, fumando tabaco del Nuevo Mundo, comiendo un sinfín de dulces, y disfrutando de un lujoso armario tan vasto que solo usaba un vestido cada vez. En sus sesenta años, Isabel confió en su dama de compañía para cubrir su rostro con un grueso maquillaje blanco para cubrir las cicatrices de la viruela y las arrugas de la edad, así como para colocar una peluca preciosa de rizos rojos sobre sus calvas.

Los siguientes dos años del nuevo siglo estuvieron marcados muy significativamente por la traición de un cortesano de la reina Isabel: Robert Devereux. Devereux llamó la atención de Isabel por su destreza militar y fue invitado a permanecer cerca de la reina gracias a su encantadora personalidad. Los cortesanos comentaron cómo la anciana disfrutaba de los elogios y el ceño de un joven guapo y consumado, y esto bien podría haber sido cierto. Después de todo, Isabel ya no era perseguida por los pretendientes, y sabía muy bien que ya no era joven y atractiva. El deseo de poder de Devereux no pudo ser contenido, sin embargo, y después de un golpe fallido contra la reina, fue ejecutado en Torre Verde.

La reina Isabel se volvió tranquila y deprimida después de la muerte de Devereux y varios amigos mayores, llegando finalmente al Palacio de Richmond a principios de 1603. Les dijo a sus amigos que era la residencia más cómoda para su vejez.

Enferma y solitaria, Isabel aún no había llamado a su sucesor.

Capítulo 10 – El fin de la dinastía Tudor

Para salvaguardar su posición como reina de Inglaterra, Isabel Tudor había pasado su juventud apuntando a primos y parientes con posibles sucesores a su trono. Fue bien educada en la historia de las Guerras de las Dos Rosas y supo cuántos años había sufrido Inglaterra antes de que su abuelo, el rey Enrique VII, se hubiera apoderado del trono y comenzara la dinastía Tudor.

En la coronación de Isabel, había dos hermanas Grey que estaban vivas después de la ejecución de Juana Grey, la reina de los nueve días: Catalina y María. Como María, la niña más joven, sufría de enanismo y se suponía que era infértil, solo Catalina era considerada una amenaza para la reina. Ambas hermanas fueron convocadas a la corte por Isabel, un privilegio que los miembros de la familia esperaban.

Cuando tanto la reina Isabel como su prima eran jovencitas de unos 20 años, parece probable que la primera pasó mucho tiempo considerando si Catalina sería una heredera apropiada. Después de todo, no había otras opciones obvias, y es posible que Isabel nunca hubiera planeado casarse ni dar a luz ella misma. A Catalina se le permitió estar directamente detrás de Isabel en la procesión real, es decir, una vez que su madre había fallecido, lo que significaba su condición de dama de sangre real.

En 1560, sin embargo, Catalina se enamoró de Eduardo Seymour y se casó con él en secreto sin el permiso de la reina. Para cuando Isabel se enteró, Catalina estaba embarazada y Eduardo estaba fuera en Europa por orden de la reina. Isabel hizo que su prima fuera llevada a la Torre de Londres, muy consciente de que si Catalina entregaba a un niño legítimo, podría significar el final de su reinado. El bebé fue un niño, que fue seguido por otro niño después de que Eduardo regresó. Enfurecida, Isabel dejó a la familia encarcelada durante años antes de sacar a los niños y a Catalina para arresto domiciliario por separado. La prima de la reina murió en 1568, probablemente de tuberculosis, pero sus hijos fueron finalmente liberados.

Con Catalina fuera, y María, Reina de Escocia ejecutada décadas antes, había pocas opciones sensatas para Isabel. Ostensiblemente parecía que el hijo de María de Escocia, Jacobo Estuardo VI, debía heredar la corona inglesa e irlandesa debido a su conexión con la familia Tudor. Aun así, a medida que enfermó en los primeros meses de 1603, Isabel Tudor no pudo hacer nada. Cuando su amiga cercana y dama de compañía, la irónicamente llamada Catalina Howard, murió repentinamente en enero de 1603, la fuerza restante de la reina comenzó a desvanecerse ella. El anillo de coronación que no se había quitado desde que lo recibió cuando tenía 25 años fue colocado en su dedo hinchado, tal vez a causa una intoxicación sanguínea.

En marzo de 1603, un mes antes del 70 cumpleaños de Isabel, la reina enfermó gravemente después de semanas de deshidratación. Ella se negó a dejar que el médico la examinara y se quedó durante horas y horas, tal vez tratando de mantener un sentido de autoridad sobre los que la rodeaban. Fue visitada por cortesanos y secretarios cercanos, uno de los cuales comentó que Isabel sufría de visiones de fantasmas de personas que había conocido. Según sir Robert Carey, la muerte de la reina María de Escocia le produjo el mayor dolor, con Isabel gritando que nunca había consentido la ejecución de su prima reina. Visiones de Catalina Grey la ofuscaron también, la pobre y hermosa prima a quien Isabel había privado de su libertad y futuro a una edad tan temprana.

El delirio y la enfermedad de la gran Isabel, Virgen Reina de Inglaterra e Irlanda, dejó claro a los que estaban en su presencia que la muerte se acercaba pronto. Continuó de pie y se negó a irse a la cama, probablemente sabiendo muy bien que una vez que se acostara no se pondría más de pie. Insistiendo en que descansaba, sus damas cubrieron el suelo con cojines y la convencieron de que se relajara en ellos si no en su propia cama. Eventualmente, Isabel no pudo soportar más y se derrumbó en los cojines.

Ella se quedó allí, inmóvil y muda, durante cuatro días antes de ser puesta en la cama, incapaz de discutir. Sus damas tocaban música suave para calmarla, mientras que varios miembros de la familia y concejales le rindieron sus últimos respetos a la que había sido su monarca durante 44 años. Su principal asesor, Robert Cecil, le preguntó claramente si eligió a Jaime VI como su sucesor, e incapaz de hablar, Isabel le puso una mano débil en la cabeza.

Isabel nunca había sido particularmente aficionada a Jaime VI, aunque parecía no tener ninguna mala voluntad particular hacia la reina inglesa por su parte en la muerte de su madre. Su desconfianza hacia el rey escocés se ablandó en los primeros años del siglo XVII, gracias a la diplomacia de Robert Cecil. Cecil sabía que su reina estaba en sus últimos años, pero la negativa de Isabel a abordar el tema de la sucesión era algo con lo que el reino ya no podía lidiar pacientemente. Cecil aconsejó Jaime VI hablar con la reina inglesa para que fuera visto favorablemente.

En última instancia, Cecil interpretó el movimiento de la reina moribunda como una afirmación y la dejó descansar. No habló más y murió en algún momento entre 2 y 3 a. m. el 24 de marzo, que fue la víspera de Año Nuevo de 1602, según el calendario contemporáneo. En el estilo calendario moderno, su muerte se registra como que tuvo lugar el 24 de marzo de 1603.

Después de su fallecimiento, Isabel fue colocada en un ataúd, que fue decorado con una estatua de su semejanza sobre una barcaza en el Támesis, cubierta de antorchas encendidas que iluminaban la estatua de la reina en la noche. El ataúd fue colocado en el Palacio Whitehall durante tres semanas antes de que el cuerpo de Isabel fuera enterrado en la Abadía de Westminster junto al de su media hermana, la reina María. La procesión fúnebre en las calles de Londres vio el cuerpo de la reina dibujado por cuatro caballos grises, todos adornados con terciopelo negro. El ataúd estaba cubierto de púrpura. Según John Stow, historiador y contemporáneo de la reina Isabel I, la visión de la última procesión de la reina dio lugar a emociones abrumadoras en todo Londres.

> «Westminster estaba sobrecargado con multitudes de todo tipo de personas en sus calles, casas, ventanas, pistas y canalones, que salieron a ver el obsequio, y cuando vieron su estatua tirada sobre el ataúd, hubo un suspiro general, gimiendo y llorando como como no se ha sido visto o conocido en la memoria del hombre».

El rey Jaime I de Inglaterra construyó un monumento sobre su tumba, en el que lleva un inmenso cuello con volantes estilo Tudor, una corona de oro y un vestido largo. La reina yace sobre dos almohadas de piedra de borlas como si simplemente descansara sobre su hermosa cama de mármol fino. Cuatro leones custodian las esquinas de la cama mientras la reina Isabel I sostiene para siempre el orbe y el cetro de su oficina.

Epílogo

El rey Jaime I de Inglaterra fue el primer monarca en tener el doble control sobre todas las islas británicas, una hazaña que sus antepasados habrían envidiado mucho. Después de haber sobrevivido a un complot de asesinato que involucró nada menos que sir Walter Raleigh, la bienvenida de James al trono inglés fue en gran parte celebratoria. Muchos cortesanos y políticos de la época estaban entusiasmados por el cambio y ansiosos por ver lo que el nuevo rey había planeado para su reino.

En verdad, sin embargo, James ya había arreglado con Robert Cecil mantener a los viejos asesores de Isabel en su lugar y traer compañeros de Escocia. Fue una promesa a la que se adhirió, lo que significaba que no había un verdadero cambio entre el reinado de Isabel y el de Santiago, excepto en un asunto: el nuevo rey trató de unir los dos reinos bajo un solo Parlamento y un monarca, permanentemente.

En 1605, el rey Jaime VI, su familia y todo el Parlamento inglés sobrevivieron al intento del antiprotestante Guy Fawkes de poner una bomba. Su supervivencia fue anunciada por los ingleses y escoceses por igual. La sucesión de James Estuardo fue popular, pero nunca fue tan querido como su predecesor. Después de la muerte de la reina

Isabel se formó la mancomunidad de Inglaterra, y finalmente a la formación del Reino Unido de Gran Bretaña e Irlanda del Norte.

La decisión de Isabel Tudor de permanecer soltera, de no producir herederos propios, y de permitir lo que seguramente sabía que sería la sucesión de su primo escocés al trono de Inglaterra, solidificó el futuro del Reino Unido. El rey James lo sabía y felizmente desempeñó su papel.

Vea más libros escritos por Captivating History

Fuentes

Armitage, Jill. *Arbella Estuardo: La Reina Sin Corona.* Amberley Publishing Limited: 2017.
El lugar de la historia. *Grandes discursos*
http://www.historyplace.com/speeches/isabel.htm

www.ingramcontent.com/pod-product-compliance
Lightning Source LLC
LaVergne TN
LVHW042002060526
838200LV00041B/1833